11
제우스를 구한 헤르메스

주니어RHK

신화의 가치

신화는 한 민족의 기원이나 역사적 · 종교적 · 문화적 삶의 모습을 보여 주는 옛이야기입니다. 주로 신과 영웅에 관한 이야기가 많고, 오랫동안 입에서 입으로 전해 내려왔다는 특징이 있지요.

우리가 살펴볼 그리스 로마 신화는 고대 그리스와 로마에 전해 오는 신화와 전설을 한데 묶은 것입니다. 그리스 로마 신화는 고대의 삶을 엿보게 해 주는 문화유산일 뿐만 아니라, 세계 여러 나라의 문학과 미술에 큰 영향을 끼쳤습니다. 하지만 문화적 가치만큼이나 중요한 것이 또 있습니다. 오래된 옛이야기이면서도 거기에 담긴 교훈적 가치가 오늘날에도 여전히 쓸모 있고 중요하다는 사실입니다.

놀랍지 않나요? 수천 년 전의 이야기가 어떻게 과학 문명이 고도로 발달한 오늘날에도 통하는 것일까요? 그것은 바로 그리스 로마 신화에 나오는 신과 영웅의 모습이 오늘날 우리의 모습과 다르지 않기 때문입니다. 신들도 우리처럼 분노하고, 질투하고, 실수를 하지요. 그런 모습을 보면서 우리는 깔깔 웃거나 눈물을 흘리고, 교훈과 감동을 얻습니다. 우리가 그리스 로마 신화를 읽어야 하는 까닭이 바로 이것입니다.

신화의 세계로 떠날 여러분에게 한마디 덧붙이자면, 신화는 우리에게 끝없는 상상력을 요구한다는 점입니다. 신화 속에는 수많은 은유와 상징이 곳곳에 널려 있지요. 따라서 신화를 읽을 때에는 상상력을 최대한 발휘하여 신화 속에 숨겨진 의미를 찾고, 그것을 자기 나름대로 재해석하는 과정이 필요합니다. 이렇게 읽었을 때에야 비로소 여러분 앞에 놀라운 삶의 이야기가 펼쳐질 것입니다.

자, 그럼 흥미진진한 신화의 세계 속으로 함께 떠나 볼까요?

헤라의 젖을 먹고 신이 된 헤르메스.
갑자기 들이닥친 괴물 티폰의 공격으로
제우스가 힘을 잃고 잡혀가자
올림포스의 신들은 모두 공포에 떨며 어쩔 줄을 모릅니다.
그리고 이를 지켜본 헤르메스는
아버지 제우스를 구하려고 티폰의 뒤를 밟습니다.
과연 헤르메스는 제우스 신을 구하고 평화를 되찾을까요?

주요 등장인물

제우스

올림포스 신들의 왕으로
하늘과 벼락의 신이에요.
전지전능한 최고의 힘을 가진
신이지만 티폰과 델피네에게
힘줄을 빼앗기는 수모를 겪어요.

헤라

결혼의 신이자 제우스의 아내예요.
질투심이 많아 처음에는
헤르메스를 미워하지만 나중엔
유모가 될 만큼 예뻐하게 돼요.

헤르메스

제우스의 아들로, 영리하고
꾀가 많아요. 헤라의 젖을 먹고
신이 되어 제우스와 신들의 명을
나르는 전령의 신이 돼요.

아폴론

제우스와 레토의 아들로 태어났어요.
음악과 시, 예언과 전원의
신이에요. 동생인 헤르메스와
사이좋게 지내요.

티폰

뱀의 머리가 다섯 개나 달린,
엄청나게 큰 괴물이에요.
땅 위에 있는 것들 가운데
가장 무서운 존재라고 해요.

1
선물로 받은 카두세우스

"이게 뭐예요, 형?"

헤르메스가 눈이 휘둥그레지면서 지팡이를 받았습니다.

두 마리의 뱀이 감겨 있고

꼭대기 양쪽에 날개가 달린 황금빛 지팡이였습니다.

아폴론과 헤르메스는 자주 만나면서 우애가 깊어졌습니다. 아폴론은 헤르메스가 선물해 준 리라를 연주하며 즐거워했고, 헤르메스는 아폴론을 누구보다도 따랐습니다.

어느 날 아폴론이 헤르메스에게 지팡이 하나를 건네주었습니다.

"이게 뭐예요, 형?"

헤르메스는 눈이 휘둥그레지면서 지팡이를 받았습니다. 두 마리의 뱀이 감겨 있고 꼭대기 양쪽에 날개가 달린 황금빛 지팡이였습니다.

"이건 카두세우스라고 하는 거야. 목동과 가축의 수호신임을 증명하는 것이지. 누구든 잠들게 하는 힘이 있단다."

"이걸 왜 저한테……."

"왠지 너한테 잘 어울릴 것 같아서 주는 거야. 대신 이 지팡이로 장난을 치면 안 된다. 알았지?"

헤르메스는 신이 나서 카두세우스를 치켜들며 말했습니다.

"고마워요, 아폴론 형!"

사실 헤르메스는 아폴론의 소를 훔친 뒤로도 여러 번 신들에게 장난을 치고 혼쭐이 났습니다. 심지어 제우스의 강력한 무기인 벼락을 훔치려고까지 했지요. 제우스가 잠든 사이 조심스레 침실로 들어가 벼락을 빼내려 했던 것입니다. 그런데 벼락에 손을 대자마자 갑자기 엄청나게 큰 천둥소리가 나면서 번개가 쳤습니다.

"앗! 뜨거워!"

번갯불에 손을 덴 헤르메스는 비명을 지르고 말았습니다. 그 바람에 제우스 신이 깨어났고, 너그러웠던 아버지 제우스에게 한참 동안 꾸중을 들어야 했습니다. 이날 헤르메스는 자신의 행동을 깊이 뉘우쳤답니다.

그 후로 헤르메스는 더 이상 남의 물건을 몰래 훔치는 나쁜 장난은 치지 않았습니다. 물론 애교 넘치는 작은 장난들은 계속되었지만요.

장난꾸러기 헤르메스

장난과 속임수를 일삼았던 헤르메스는 겁도 없이 신들의 소중한 물건들을 훔쳐 냈습니다. 한번은 바다와 물의 신, 포세이돈이 가장 아끼는 삼지창인 트리아이나를 훔쳤지요. 헤르메스는 그것을 갖고 다니며 구름과 비, 바람과 파도를 마음대로 부리다가 포세이돈에게 호되게 혼이 났다고 해요. 또 한번은 전쟁의 신인 아레스가 애지중지하는 창을 훔쳐 내기도 했답니다.

신들의 전령 헤르메스

〈헤르메스〉 작가 미상

신들의 전령인 헤르메스를 상징하게 된 지팡이 카두세우스는 아폴론이 동생 헤르메스에게 선물한 것이에요. 두 마리의 뱀이 지팡이를 감싸고 있고, 꼭대기 양쪽으로 날개가 달려 있는 모습을 하고 있어요.

2
헤르메스를 미워한 헤라

헤르메스는 갖은 애교를 떨며 헤라의 마음을 얻고자 했습니다.

하지만 돌아오는 것은 차가운 눈총뿐이었습니다.

헤르메스는 점점 헤라의 날카로운 눈빛이 무서워졌습니다.

올림포스에는 헤르메스의 장난을 아주 못마땅하게 여기는 신이 있었습니다. 그는 바로 제우스의 아내 헤라였습니다.

"올림포스는 아무나 들어올 수 있는 곳이 아닌데, 헤르메스는 아주 제집 드나들 듯 마음대로 다니는군요."

헤라 여신이 따지면서 말하자 제우스는 은근슬쩍 얼버무렸습니다.

"헤르메스는 아직 어린아이지 않소."

"그래도 저렇게 장난기 많은 아이를 그냥 놔두면 어떡해요? 따끔하게 혼을 내야죠."

헤라 여신이 이맛살을 찌푸리며 제우스에게 *역정을 냈습니다. 제우스는 헤라의 말에 제대로 대꾸도 못한 채 헤라의 눈길을 피했습니다.

*역정 몹시 언짢거나 못마땅해서 내는 성.

헤라 여신은 제우스가 마이아와 헤르메스를 남다르게 아끼고 사랑한다는 사실에 속이 상했습니다. 헤르메스 역시 이런 헤라 여신의 마음을 눈치 채고 있었습니다. 결혼과 질투의 여신이자 신들의 여왕인 헤라 여신이 제우스의 연인들과 그 사이에서 태어난 자녀들을 싫어하고 벌을 주기도 한다는 것을 알고 있었기 때문입니다. 그래서 헤르메스는 헤라 여신의 눈 밖에 나지 않으려고 애를 썼습니다.

"헤라 여신 님, 안녕하세요?"

헤르메스는 헤라 여신과 마주칠 때마다 밝게 웃으며 공손하게

인사를 했습니다. 하지만 헤라 여신은 *본체만체하며 지나갔습니다. 어떤 때는 헤라 여신의 *미모를 치켜세우며 칭찬을 늘어놓기도 했습니다.

"헤라 여신 님, 오늘 따라 더 아름다워 보이네요."

헤르메스는 갖은 애교를 떨며 헤라의 마음을 얻고자 했습니다. 하지만 돌아오는 것은 헤라의 차가운 눈총뿐이었습니다. 헤르메스는 점점 헤라의 날카로운 눈빛이 무서워졌습니다.

***본체만체하다** 보고도 안 본 듯이 하다.
***미모** 아름다운 얼굴 모습.

'어떻게 하면 헤라 여신의 마음을 얻을 수 있을까?'

꾀 많은 헤르메스는 자신을 미워하는 헤라 여신의 마음을 돌려놓을 방법을 골똘히 생각했습니다. 하지만 좋은 생각이 얼른 떠오르지 않았습니다. 답답한 마음에 헤르메스는 아폴론을 찾아갔습니다.

"형, 헤라 여신님의 마음을 얻고 싶은데, 무슨 좋은 수가 없을까요?"

아폴론도 별다른 방법이 생각나지 않는지 고개를 갸우뚱했습니다.

"혹시 헤라 여신님이 아끼는 것이 있나요?"

"아끼는 것? 아, 그거라면 물으나마나 당연히 아레스지."

"아레스라고요?"

"헤라 여신이 갓 낳은 아들 말이야."

헤르메스는 아레스라는 이름을 중얼거리며 깊은 생각에 잠겼습니다.

"그래. 좋은 수가 떠올랐어."

헤르메스는 자신감에 넘쳐 씨익 웃었습니다.

3
헤라의 마음을 돌린 헤르메스

"어머, 우리 아기가 잠들었네?
엄마가 이불을 가져와 덮어 줄게. 잠시만 기다리렴."
헤라 여신은 꽃 그네에 아레스를 올려놓고 궁전으로 들어갔습니다.

헤르메스는 헤라 여신이 쉬고 있는 정원으로 갔습니다. 헤라 여신은 꽃 그네에 앉아 아레스에게 젖을 먹이고 있었습니다.

"우리 귀여운 아들, 아레스야. 엄마 젖 먹고 쑥쑥 자라렴."

헤라 여신은 아레스가 예뻐서 한시도 눈을 떼지 못했습니다. 아레스는 헤라 여신의 품에서 곤히 잠들었습니다.

"어머, 우리 아기가 잠들었네? 엄마가 이불을 가져와 덮어 줄게. 잠시만 기다리렴."

헤라 여신은 꽃 그네에 아레스를 올려놓고 궁전으로 들어갔습니다. 그러자 숨어서 보고 있던 헤르메스가 재빨리 아레스를 다른 곳에 감추고, 자신이 아레스로 변신해 그네 위에 누웠습니다. 그리고 큰 소리로 아기 울음소리를 냈습니다.

전쟁의 신 아레스

제우스와 헤라의 아들인 아레스는 전쟁의 신으로 알려져 있어요. 그래서 늘 투구를 쓰고 갑옷을 입은 채 방패와 창과 칼로 무장한 모습으로 묘사되지요. 덩치가 어마어마한 그는 목소리도 무시무시해서 전쟁터에서 큰 소리를 질러 적들에게 겁을 주었다고 해요. 워낙 성격이 괴팍하고 사나워서 다른 신들의 미움을 받기도 했답니다.

"응애! 응애!"

헤라 여신은 울음소리에 놀라 황급히 뛰어 왔습니다. 그러고는 헤르메스가 아레스 모습으로 변신한 줄도 모르고 아기를 번쩍 들어 끌어안았습니다.

"우리 아레스, 엄마가 안 보여서 깼니?"

"응애! 응애!"

아레스로 변한 헤르메스는 계속 울면서 헤라 여신의 가슴으로 파고들었습니다.

"어머, 우리 아기가 엄마 젖이 더 먹고 싶은 모양이구나. 알았어, 조금만 참으렴. 얼른 줄게."

헤라 여신은 아레스로 변한 헤르메스에게 젖을 먹이기 시작했습니다. 헤르메스는 환하게 웃으며 헤라 여신의 젖을 쪽쪽 빨았습니다. 아무것도 모르는 헤라 여신은 아레스로 변한 헤르메스의 얼굴을 보며 환한 미소를 지었습니다.

이윽고 젖을 다 먹인 헤라 여신이 꽃 그네를 흔들며 아레스로 변한 헤르메스의 얼굴에 살며시 뺨을 댔습니다. 그 순간 헤르메스가 본래의 모습으로 돌아왔습니다.

"어머, 너, 너는!"

헤라 여신이 놀라 주위를 두리번거리며 아레스를 찾았습니다.

"헤라 여신님, 아레스는 걱정 마세요. 제가 안전한 곳에 데려다 놓았거든요."

헤라 여신은 헤르메스의 속임수에 넘어간 것을 깨닫고 화가 치밀었습니다.

"이 녀석! 감히 나를 속이다니! 당장 큰 벌을 내려 줄 테다."

헤라 여신은 헤르메스를 흉측한 뱀으로 만들어 버리려고 했습니다. 하지만 아무리 벌을 내리려 해도 헤르메스에게 통하지가 않았습니다. 왜냐하면 헤르메스가 헤라 여신의 젖을 먹었기 때문이었습니다.

"헤라 여신님, 앞으로는 말썽 안 부리고 잘할 테니 제발 저를 미워하지 마세요."

헤르메스가 헤라 여신 앞에서 애교를 부리며 간절히 말하자 헤라 여신도 헤르메스를 사납게 뿌리치기가 어려웠습니다. 자신의 젖을 먹여서인지 오히려 헤르메스가 귀여워 보이기까지 했습니다. 결국 헤라 여신은 헤르메스의 유모가 되어 주었고, 자신이 낳은 아들처럼 아끼게 되었습니다. 헤르메스를 부르는 목소리도 한결 부드럽고 상냥해졌습니다.

이를 지켜본 제우스는 헤르메스를 불러 말했습니다.

"헤르메스야, 너는 정말 뛰어난 지혜를 가졌구나. 아무도 건드리지 못하는 헤라의 마음을 사로잡다니. 기특하고 대단하다. 하하하!"

제우스는 헤르메스의 머리를 쓰다듬으며 큰 소리로 웃었습니다.

"이제 너는 헤라의 젖을 먹었으니 진짜로 신이 되었다. 앞으로 항상 내 곁을 지키면서 너의 훌륭한 지혜로 나를 도와다오."

이렇게 해서 헤르메스는 신이 되어 올림포스에서 계속 살 수 있었습니다.

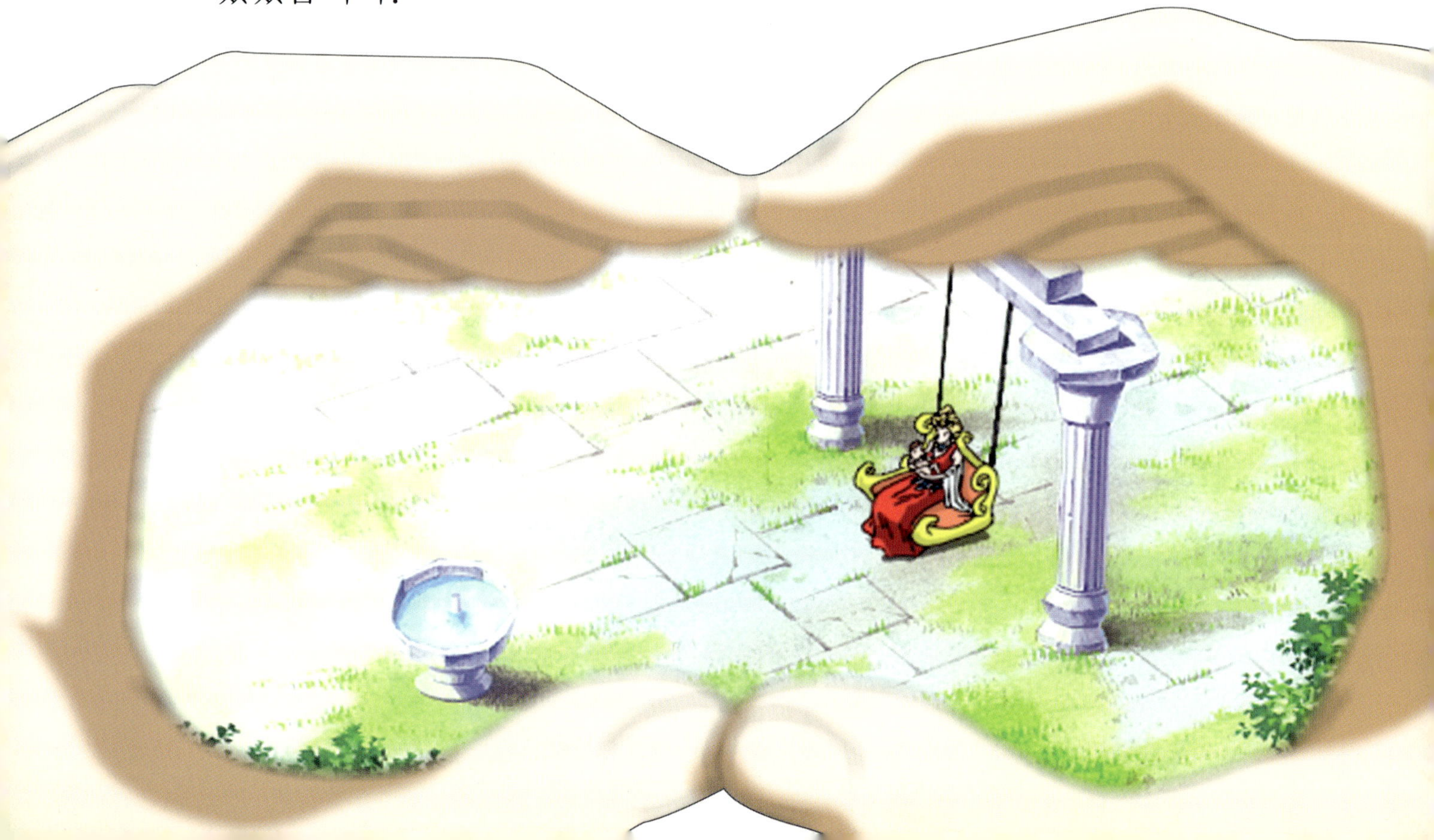

올림포스의 어떤 신도 헤르메스의 지혜를 뛰어넘을 수 없었습니다. 헤르메스는 올림포스에서 가장 유쾌하고 지혜로운 신으로 사랑을 받았습니다.

하루는 제우스가 헤르메스를 부르더니 신비로운 신발을 주었습니다. 그 신발에는 땅과 바다를 마음껏 누비며 날 수 있는 황금 날개가 달려 있었습니다. 그 신발을 신기만 하면 눈 깜짝할 사이에 지구 끝까지

날아갈 수 있었습니다.

“아버지, 정말 날개 달린 신발을 저에게 주시는 거예요?”

“그렇단다, 헤르메스. 앞으로 너는 이 신발을 신고 올림포스의 신들의 명령을 전하는 일을 하는 거다. 알겠지?”

“예, 최선을 다해서 열심히 할게요.”

그때부터 헤르메스는 제우스와 다른 신들의 명을 전하는 전령이 되어 맡겨진 일을 척척 해냈습니다. 그 일뿐만 아니라 죽은 자의 영혼을 저승으로 인도하는 일도 맡아서 했습니다. 정 많고 사람의 마음을 잘 헤아리는 헤르메스는 그 일을 누구보다도 잘 해냈습니다.

하늘을 마음껏 날아오르는 헤르메스

〈우주에 자신의 힘을 보이기 위한 에로스의 명을 받은 헤르메스〉 외스타슈 르쉬외르

제우스에게 날개 달린 모자와 신발을 선물받은 헤르메스가 아폴론에게 받은 카두세우스를 들고 하늘로 날아오르는 모습이에요. 신들 중에서 하늘과 땅을 마음대로 다닐 수 있는 신은 헤르메스뿐이었답니다.

4
괴물 티폰과의 싸움

"이놈! 감히 여기가 어딘 줄 알고 행패인 것이냐!"

제우스는 우렁찬 목소리로 호통을 치면서 벼락을 내리꽂았습니다.

온 세상을 뒤흔드는 소리와 함께

벼락이 티폰을 향해 날아갔습니다.

어느덧 헤르메스는 의젓하고 늠름한 청년으로 자라났습니다. 헤르메스는 날개 달린 페타소스라는 모자를 쓰고, 날개 달린 신발을 신고, 손에는 카두세우스를 들고 인간 세상과 올림포스를 바쁘게 오갔습니다.

그러던 어느 날, 올림포스에서 신들이 잔치를 열어 즐거운 한 때를 보내고 있을 때였습니다. 티폰이라는 괴물이 갑작스럽게 나타나 잔치 분위기를 망쳐 놓았습니다. 티폰은 산보다 더 큰 뱀의 모습을 한 괴물이었습니다. 머리가 다섯 개나 달려 있고 기다란 혀를 날름거리며 불을 내뿜는 티폰은 보기만 해도 기분이 나

빠졌습니다. 티폰이 한 번 지나가기만 하면 그곳은 큰 폭풍과 회오리에 휩쓸려 남아나는 것이 없을 정도였습니다.

이런 티폰이 올림포스에 *침입하자 신들은 잔뜩 겁을 먹었습니다. 몇몇 신들이 티폰에게 맞서 보았지만 결국 무릎을 꿇고 말았습니다.

무시무시한 괴물 티폰

티폰이라는 괴물은 가이아와 타르타로스의 막내아들로 태어났습니다. 돌로 된 커다란 알 속에서 자랐는데, 다 큰 다음에는 스스로 껍데기를 깨고 땅을 박차고 나왔지요. 이 괴물은 땅 위에 존재하는 것 가운데 가장 무서운 존재였다고 합니다. 티폰은 뱀의 머리가 백 개나 달린 괴물로 묘사되는데, 인간과 야수의 중간이었으며 신의 말, 동물의 말, 인간의 말을 모두 할 수 있었답니다.

*__침입__ 침범해 들어가거나 들어옴.

올림포스의 신들은 가장 강력한 벼락을 무기로 가진 제우스 주변으로 몰려들었습니다. 제우스는 신들 앞으로 당당한 걸음으로 나가서 티폰에게 소리를 쳤습니다.

"이놈! 감히 여기가 어딘 줄 알고 *행패인 것이냐!"

제우스는 우렁찬 목소리로 호통을 치면서 벼락을 내리꽂았습니다. 온 세상을 뒤흔드는 소리와 함께 벼락이 티폰을 향해 날아갔습니다. 하지만 그 엄청난 벼락을 맞고도 티폰은 꿈쩍도 하지 않았습니다. 그저 간지럽다는 듯 징그러운 머리를 몇 번 흔들 뿐이었습니다.

*행패 체면에 어그러지는 난폭한 짓을 버릇없이 함.

“아니, 어떻게 저럴 수가…….”

올림포스의 신들은 이 광경을 보고 더욱 놀라 뒷걸음질을 쳤습니다. 제우스는 다시 한 번 벼락을 날렸습니다. 그러나 이번에도 티폰은 아무렇지 않아 보였습니다. 오히려 제우스를 향해 힘껏 돌진하는 것이었습니다. 다급해진 제우스가 여러 번 벼락을 쏘았지만 티폰을 물리치기에는 역부족이었습니다.

“여기 있다간 티폰에게 당하겠어. 어서 피하자!”

올림포스의 신들은 공포에 휩싸여 허둥지둥 도망치기 시작했습니다. 다급한 나머지 동물의 몸속으로 숨는 신도 있었습니다. 숫양의 몸속에 숨은 제우스는 티폰의 공격을 안타까워하며 지켜보았습니다.

‘올림포스 신들의 왕인 내가 이렇게 꼼짝 못하고 동물의 몸속에 숨어 있다니!’

제우스는 자존심이 상해 참을 수가 없었습니다. 티폰의 *악행을 지켜보던 제우스는 더 이상 참지 못하고 숫양의 몸에서 빠져나왔습니다. 그러고는 번개와 다이아몬드로 만든 날카로운 낫을 들고 괴물 티폰 앞에 섰습니다. 하지만 무시무시한 티폰은 제우스를 본체만체하고 올림포스 곳곳을 파괴하는 일을 멈추지 않았습니다.

"이 괴물 티폰아, 당장 멈추지 못할까!"

*악행 악독한 행위, 나쁜 행동.

제우스가 티폰을 향해 공격했지만, 티폰은 끄떡도 하지 않았습니다. 오히려 제우스를 순식간에 자신의 거대한 몸으로 휙휙 감아 버렸습니다. 갑작스럽게 당한 제우스는 티폰의 엄청난 괴력에 꼼짝도 하지 못했습니다.

"아아악!"

괴물에게 사로잡힌 제우스가 고통스럽게 비명을 질렀습니다. 티폰이 제우스의 힘줄을 끊어서 뽑아간 것이었습니다. 신들 가운데 최고의 신인 제우스의 모든 능력은 그 힘줄에서 나오는 것이었습니다.

그때 또 다른 괴물인 델피네가 나타났습니다. 델피네는 반은 뱀이고 반은 여자의 몸을 한 괴물이었습니다. 티폰은 예사롭지 않은 푸른빛을 내뿜는 제우스의 힘줄을 델피네에게 건네주었습니다. 그러고는 힘이 풀려 버린 제우스를 들고 어디론가 사라졌습니다. 델피네는 티폰을 도와 제우스의 힘줄을 지키게 되었습니다.

이 광경을 빠짐없이 지켜보던 헤르메스는 마음이 찢어지는 것 같았습니다.

"내 아버지를 저렇게 비참하게 만들다니! 용서하지 않을 테다!"

헤르메스는 재빠른 판과 함께 티폰이 간 곳을 뒤쫓아 갔습니다.

5
제우스를 구하러 간 헤르메스

제우스는 죽은 듯이 누워 움직이지 못했습니다.
헤르메스는 안타깝게 제우스의 눈을 바라보았습니다.
제우스도 슬픈 눈빛으로 헤르메스를 쳐다보며
무슨 말을 하려는 듯 입술을 조금씩 움직였습니다.

티폰은 거대한 산 앞에 다다르자 산에 구멍을 내어 커다란 동굴을 만들었습니다. 그리고 그 안에 제우스를 넣은 뒤 주위를 살폈습니다. 티폰은 아무도 없는 것을 확인하고는 건너편 다른 산으로 갔습니다.

티폰이 눈치 채지 못하게 숨어서 이 광경을 지켜보던 헤르메스는 제우스를 구할 수 있는 방법을 판과 의논했습니다.

"판, 어떻게 하면 좋을까?"

"티폰은 동굴 입구를 막을 만한 큰 바위를 찾으러 갔을 겁니다. 저 동굴이 막히면 우리 힘으로는 바위를 움직일 수 없을 게 뻔합니다. 그러니 지금이 바로 제우스 님을 구할 기회입니다."

"알았어. 내가 얼른 동굴로 들어가서 아버지를 모시고 나올 테니까, 넌 여기서 티폰이 오는지 살펴보고 있어."

들판을 누비는 신 판

판은 목동과 가축의 신으로, 반은 인간, 반은 야수의 모습을 하고 있습니다. 상반신은 인간이고, 다리는 염소 다리, 몸은 털로 뒤덮여 있지요. 주로 산과 들에 살면서 가축을 지키고 돌본다고 알려져 있습니다. 판은 행동이 매우 재빠르고 높은 절벽도 쉽게 오르며, 춤과 음악을 좋아한답니다. 때때로 잠자는 인간에게 무서운 꿈을 꾸게 하기도 하고, 나그네에게 겁을 주기도 해요.

헤르메스는 날개 달린 신발을 신고 동굴로 들어가 제우스를 안고 재빨리 빠져나오려고 했습니다. 그런데 빠져나가기 전에 티폰이 돌아와 제우스를 안은 헤르메스를 발견하고 말았습니다. 티폰은 몸을 이리저리 비틀며 헤르메스를 쫓았지만 날개 달린 신발을 신은 헤르메스를 따라잡지는 못했습니다.

헤르메스는 티폰이 쫓아오지 못할 정도로 아주 멀리 떨어진 곳에 제우스를 옮겨 놓았습니다. 제우스는 죽은 듯이 누워 움직이지 못했습니다. 헤르메스는 안타깝게 제우스의 눈을 바라보았습니다. 제우스도 슬픈 눈빛으로 헤르메스를 쳐다보며 무슨 말을 하려는 듯 입술을 조금씩 움직였습니다. 헤르메스는 아버지인 제우스가 어떤 말을 하려는 것인지 알 것 같았습니다.

"아버지, 아무 걱정 마세요. 제가 반드시 아버지의 힘줄을 찾아올게요."

헤르메스는 제우스의 손을 꼭 잡고 *맹세했습니다. 그리고 즉시 판과 함께 제우스의 힘줄을 지키고 있는 델피네에게 날아갔습니다.

***맹세하다** 일정한 약속이나 목표를 꼭 지키겠다고 다짐하다.

델피네는 두 눈을 부릅뜬 채 버티고 서서 제우스의 힘줄을 지키고 있었습니다. 델피네는 보기만 해도 징그럽고 소름 끼치는 괴물이었습니다. 델피네가 그르렁거리며 내는 날카로운 소리는 듣는 사람의 뼛속까지 파고들었습니다.

"끼익 크르르릉!"

헤르메스는 그 끔찍한 소리가 듣기 싫어 두 손으로 귀를 꽉 막았습니다.

"저 괴물도 티폰만큼 무시무시하군. 판, 델피네를 물리칠 좋은 방법이 없을까?"

헤르메스가 판에게 속삭였습니다.

"제가 알기로 저 괴물은 이 세상에서 무서워하는 것이 없습니다."

판의 대답에 헤르메스는 온몸의 힘이 쭉 빠졌습니다.

"그래도 뭔가 약점이 있을 거야. 그러니 좀 더 생각해 봐!"

마음이 급해진 헤르메스가 *재촉하자 잠시 후 판이 무겁게 입을 열었습니다.

"사실 방법이 아주 없는 것은 아닙니다. 하지만 매우 위험한 방법인지라……."

"그게 뭔데? 빨리 말해 봐."

*재촉하다 어떤 일을 빨리 하도록 조르다.

델피네

델피네는 두 가지의 모습으로 전해지는데, 이 이야기에 등장하는 델피네는 티폰이 건네준 제우스의 힘줄을 지킨 용이에요. 반은 뱀이고, 반은 여자인 괴물의 모습을 하고 있지요. 실리시아의 코리키온 동굴에 살았다고 전해져요. 다른 델피네는 아폴론의 신전 근처에 있는 샘을 지키는 용이라고 해요.

판은 델피네의 날카로운 목소리에 귀를 기울이면서 말했습니다.

"아무리 괴물이라지만, 자신과 비슷한 것을 만나면 두려움에 떠는 법이지요."

판은 갑자기 델피네의 목소리를 똑같이 흉내 냈습니다.

"끼익 크르르릉!"

그 소리를 들은 헤르메스는 깜짝 놀라 뒤로 벌러덩 넘어졌습니다. 판이 내는 소리가 델피네의 소리와 똑같았기 때문입니다. 델피네 역시 이 소리를 듣고 놀라서 소리가 나는 쪽으로 고개를 홱 돌렸습니다.

"제가 소리를 내며 델피네를 꾀어낼 테니 그때를 놓치지 말고 힘줄을 찾으세요."

판은 날랜 동작으로 델피네의 주변을 돌면서 목소리를 흉내 냈습니다. 처음에 델피네는 움직이지 않고 고개만 이리저리 돌리며 소리가 나는 쪽을 찾았습니다. 하지만 판이 점점 더 크고 날카로운 소리로 흉내 내자 델피네도 점차 신경이 쓰이는지 숨소리가 거칠어지면서 몸을 이리저리 움직였습니다.

판이 더 높고 날카롭게 소리를 지르자 델피네는 참지 못하고 몸을 더욱 사정 없이 흔들었습니다. 그 순간 헤르메스는 재빨리 달려들어 제우스의 힘줄을 빼냈습니다.

힘줄을 손에 넣은 헤르메스는 쏜살같이 제우스에게 날아갔습니다. 한시라도 빨리 제우스에게 힘줄을 넣어 주고 싶었기 때문입니다. 헤르메스 덕분에 힘줄을 되찾은 제우스는 다시 기운을 차리고 일어섰습니다.

6
괴물 티폰의 최후

제우스는 티폰이 약해진 틈을 놓치지 않고 수많은 벼락을 한꺼번에 던져 공격했습니다. 하늘에서 마구 쏟아지는 소나기 같은 벼락을 맞은 티폰의 몸이 불덩어리로 변했습니다.

올림포스로 돌아온 제우스는 신들을 모두 불러 모아 회의를 열었습니다. 신들은 티폰을 물리칠 방법을 궁리했지만 마땅한 방법이 없었습니다. 그런데 운명의 여신인 모이라가 기막힌 *묘안을 짜냈습니다.

"티폰에게 힘이 세지는 신비로운 열매가 있다고 속이고 먹이는 거예요. 그 열매를 먹으면 반드시 티폰의 힘이 약해질 거예요."

하지만 그 일을 선뜻 하겠다고 나서는 신이 없었습니다. 결국 그 방법을 이야기한 모이라가 티폰을 만나기로 했습니다.

모이라는 티폰을 찾아가 살살 꼬드겼습니다.

*묘안 뛰어나게 좋은 생각.

"티폰, 제우스와 싸우려면 더 강해져야 한다는 걸 잘 알겠지? 내가 너를 위해 몸에 좋은 열매를 주겠다. 이걸 먹으면 힘이 부쩍 세질 거야."

티폰은 *미심쩍은 눈빛으로 모이라를 살펴보다가 모이라가 내민 열매를 살짝 맛보았습니다.

그러고는 맛이 좋았는지 곧 의심을 거두고 허겁지겁 열매를 집어 삼켰습니다.

*미심쩍다 분명하지 않아 마음이 놓이지 않다.

열매를 먹은 티폰은 점점 힘이 빠졌습니다. 제우스는 티폰이 약해진 틈을 놓치지 않고 수많은 벼락을 한꺼번에 던져 공격했습니다. 하늘에서 마구 쏟아지는 소나기 같은 벼락을 맞은 티폰의 몸이 불덩어리로 변했습니다.

온몸에 불이 붙어 몸부림치던 티폰이 힘없이 쓰러지자, 제우스는 커다란 산을 번쩍 들어 올려 티폰에게 던졌습니다.

"이 끔찍한 괴물아, 네 운명도 여기서 끝이니라!"

마침내 티폰은 그 산에 깔리고 말았습니다. 티폰의 몸에 붙어 타오르던 불꽃이 뾰족한 산봉우리를 뚫고 솟구쳐 거대한 화산을 이루었습니다.

이제 올림포스에는 예전처럼 평화가 찾아왔습니다. 제우스는 가장 먼저 자신을 구해 준 헤르메스를 찾았습니다.

"헤르메스야, 고맙구나. 네 덕분에 내가 살았고, 올림포스의 평화를 되찾았다."

제우스는 헤르메스를 품에 꼭 안았습니다.

티폰과 화산

티폰이 제우스의 공격에 밀려 쫓기다가 제우스가 집어던진 섬에 갇혔다는 이야기도 있습니다. 그 섬이 바로 시칠리아 섬인데, 시칠리아 섬 밑에 깔린 티폰이 가끔씩 거친 숨을 몰아쉬며 힘찬 불길을 내뿜어 화산 폭발이 일어났다고 하지요. 그것이 바로 시칠리아 섬에 있는 에트나 화산이라고 해요. 거대한 몸집의 티폰이 몸부림을 치면 땅에 지진이 일어나고, 숨을 내뿜으면 화산이 폭발하며, 티폰의 입에서 흘러나오는 것은 뜨거운 용암이라고 전해진답니다.

신화 뒷이야기

OLYMPUS GUARDIAN

올림포스에는 수많은 신들이 살았는데, 헤르메스는 가장 위대한 열두 명의 신 가운데 하나로 손꼽힙니다. 헤르메스는 제우스의 심부름꾼으로 하늘과 땅을 자유롭게 오가며 많은 신들의 전령 역할을 담당했습니다. 그뿐만 아니라, 워낙 재능이 많고 지혜가 뛰어나 여러 일을 도맡아 했지요.

헤르메스는 지하 세계인 하데스로 죽은 영혼을 인도하는 영혼의 안내자 노릇을 했습니다. 하데스는 죽은 망령들이 머무는 곳이며, 지상에서 죄를 지은 자들이 벌을 받는 곳입니다. 모든 신과 인간을 통틀어 하데스를 자유로이 드나들 수 있는 존재는 오직 헤르메스뿐이었습니다. 그는 아폴론에게서 받은 지팡이 카두세우스를 들고 다녔는데, 그것을 감고 있는 두 마리의 뱀은 땅 아래를, 지팡이 꼭대기에 달린 독수리 날개는 하늘을 상징한다고 볼 수 있습니다. 하늘과 땅을 잇는 헤르메스에게 아주 잘 어울리는 상징물인 것이지요.

또한 그는 여행자의 수호신이었습니다. 고대 그리스에서는 헤르메스가 길에 깔린 돌을 치워 도로를 만드는 이야기가 전해집니다. 이 때문에 헤르메스의 얼굴이 그려진 표지인 '헤르마'가 길거리에 세워져 있기도 합니다. 초기의 헤르마는 기둥 주위에 돌을 쌓아 올린 단순한 모양이었으나, 후대에는 젊은 운동선수 모습을 한 세련된 헤르마가 광장, 길, 체육관 등에 세워졌다고 해요.

헤르메스는 도둑의 신이기도 한데, 아폴론의 소를 감쪽같이 훔친 것만 보아도 그렇게 불릴 만하지요. 그는 말솜씨가 뛰어나고 교활해 상인의 신, 중개인의 신, 돈놀이의 신으로도 알려져 있습니다.

게다가 하늘과 땅의 경계를 풀고 어디든 마음대로 다닐 수 있었던 헤르메스는 서로 다른 세계를 잇고 소통하게 하는 신이라고 할 수 있답니다.

올림포스 신들의 계보

크로노스 + 레아
하데스
지하 세계의 왕
포세이돈
바다의 신
제우스
신들의 왕
헤라
신들의 여왕,
제우스의 아내
헤스티아
난로 · 불의 여신
데메테르
대지의 여신
아테나
지혜 · 전쟁의 여신
제우스 + 메티스
아폴론
의술 · 음악의 신
제우스 + 레토
아르테미스
사냥 · 순결의 여신
아스클레피오스
의술의 신
아레스
전쟁의 신
제우스 + 헤라
헤파이스토스
대장간의 신
제우스 + 디오네
아프로디테
헤파이스토스의 아내,
미의 여신
에로스
사랑의 신
헤르메스
신들의 전령,
상업의 신
제우스 + 마이아
디오니소스
술의 신
제우스 + 세멜레
페르세포네
하데스의 아내
지하 세계의 여왕
제우스 + 데메테르